Genussmomente

ONE POT

EIN BUCH DER
EDITION MICHAEL FISCHER

INHALTSVERZEICHNIS

GRUNDLAGEN

ONE POT – AUF KEINEN FALL KOMPLIZIERT

Was kocht man, wenn es möglichst schnell und unkompliziert gehen soll und dazu noch wenig Zeit ist, um entlegene Geschäfte nach tausenden, aberwitzigen Zutaten zu durchforsten? Wenn man einfach mittags oder abends etwas aus dem machen will, was sich im Kühl- oder Küchenschrank findet. Spiegelei mit Tiefkühlrahmspinat, Nudeln mit Tomatensauce, notfalls fertig aus der Dose? Für Leute, die gerne und am liebsten gut essen, ist das keine Option. Zumindest nicht in dieser Form. Wenn wir kochen, sollte das Ergebnis anders aussehen und vor allem anders schmecken. Ein Essen mit ein wenig mehr Pfiff als gewohnt, dem „gewissen Etwas" und einem kleinen, aber feinen „Wow-Effekt" – wozu denn sonst der ganze Aufwand?

„Wie hast du das denn hingekriegt?", heißt es dann des Öfteren bei Tisch. „Och, ganz einfach eigentlich ...", denn niemand mag lange Kochorgien und Stress mit fünf Töpfen und Pfannen gleichzeitig auf dem Herd. Stattdessen schätzt man Gerichte, die sich einfach vorbereiten und kochen lassen, wo alles in einen Topf wandert oder alleine im Ofen gart, und wo am Ende eine komplette Mahlzeit auf dem Tisch steht. So sind auch die Rezepte in diesem Buch angelegt: einfache Gerichte, die einfach und schnell gemacht sind und die trotzdem garantiert jedes belegte Brot um Längen schlagen.

Wichtigster Helfer und Grundlage für eine schnelle und vor allem einfache Alltagsküche ist der Basisvorrat mit mehr oder weniger alltäglichen Zutaten, die länger haltbar sind und sich in fast jedem Haushalt finden. Dazu lohnt es sich, einen „Spezialvorrat" mit etwas „anderen" Zutaten anzulegen, die schlichten, oft lang bewährten Gerichten ein zusätzliches Aroma, besondere Würze und den speziellen Kick verleihen.

Dieser Vorrat an „Alltagshelden" lässt sich immer anders und überraschend vielseitig einsetzen und verleiht ganz alltäglichen, unkomplizierten Gerichten einen neuen, spannenden Dreh. Keine Angst, keine dieser Zutaten ist außerordentlich exotisch, teuer oder unendlich schwer zu bekommen – und weil sie so häufig vorkommen, bleiben auch garantiert keine halb angebrochenen Packungen stehen.

TIPPS UND TRICKS

GUT ORGANISIERTE VORRATSKAMMER

Lege dir eine gute Grundausstattung an Lebensmitteln an, so musst du nicht wegen jeder Zutat einkaufen gehen und bist auch spontaner, wenn mal etwas schief geht, oder du unerwartet Besuch bekommst.

WER LIEST, IST KLAR IM VORTEIL

Wenn man nach Rezept kocht, ist es wichtig, alles zuvor komplett durchzulesen, um den Kochvorgang gut zu organisieren. Zutaten und vor allem die Abläufe zu kennen, spart Zeit und vermeidet ärgerliche Fehler. Wer das Rezept gut kennt, kann teilweise parallel Dinge zubereiten und vergisst auch keine wichtigen Schritte und Angaben.

MISE EN PLACE

... ist die Vorbereitung des Arbeitsplatzes und die Bereitstellung der benötigten Zutaten und Arbeitsutensilien – eine wesentliche Voraussetzung für produktives Kochen. So hat man alle Zutaten und Geräte gleich zur Hand und verschwendet keine Zeit.

PRAKTISCHE KÜCHENHELFER

Scharfe Messer, Waage, Knoblauchpresse, Messbecher, Pürierstab und ein Blitzhacker sind die besten Freunde in der Küche.

EIN GUTES UND SCHARFES MESSER IST „ALLES“

In der Küche ist kein Utensil wichtiger. Es erleichtert die Arbeit, macht das Kochen effizienter und bringt viel mehr Freude. Außerdem ist ein scharfes Messer sicherer und die Verletzungsgefahr nicht so groß. Denn durch die unnötige Kraft, die beim Verwenden eines stumpfen Messers aufgewendet wird, erhöht sich die Gefahr, abzurutschen und sich zu verletzen deutlich, und macht es dadurch gefährlicher.

VERLIEBTER KOCH?

Zu viel Salz ins Essen gegeben? Einfach eine rohe, geschälte Kartoffel mitkochen und das Essen ist wieder genießbar.

ÜBERKOCHENDES WASSER

... kann man verhindern, indem man einen Holzlöffel quer über den Topf legt.

ALLTAGSHELDEN IM VORRATSSCHRANK

Natürlich finden sich in der Speisekammer wie in fast jedem Haushalt Basics wie Nudeln, Mehl, Reis oder Tomaten in der Dose. Daneben stehen aber auch noch ein paar andere Dinge, die nicht unbedingt zum Standardsortiment gehören. Damit lassen sich auch nach Feierabend schnell und einfach andere Gerichte kochen.

COUSCOUS UND BULGUR – ORIENTALISCHE BLITZBEILAGE

Beide werden aus Hartweizen gemacht, sind körnig und vorgegart. Dadurch sind sie besonders schnell gar und perfekt für die fixe Alltagsküche. Bulgur ist etwas gröber und kräftiger im Geschmack. Couscous ist feiner und milder. Sowohl Couscous als auch Bulgur vertragen sich mit kräftigen Partnern und sollten gut gewürzt werden. Übrigens: Couscous lässt sich auch als Süßspeise servieren.

ASIATISCHE NUDELN – SCHNELLE ABWECHSLUNG

Es muss nicht immer italienische Pasta sein. Auch in Asien sind Nudeln in unzähligen Varianten beliebt. Allen gemeinsam: Sie sind schnell gar und werden am liebsten mit der Sauce gemischt. Japanische Soba-Nudeln werden aus Buchweizen gemacht, haben einen kräftig-nussigen Geschmack, schmecken warm in Suppen oder auch kalt als Salat. Die dicken japanischen Udon-Nudeln aus Weizenmehl sind ideal für Nudelsuppen und Eintöpfe. Dünne chinesische Mie-Nudeln müssen zum Garen nur mit heißem Wasser übergossen werden. Sie eignen sich hervorragend als Suppeneinlage oder zum Braten.

POLENTA – ITALIENISCHER TAUSENDSASSA

Der Maisgrieß lässt sich zu Brei gekocht und mit Gewürzen und Zutaten wie z. B. Parmesan verfeinert als Beilage zu saucenreichen Gerichten servieren. Er lässt sich aber auch zu einer festen Masse kochen, die z. B. zu leckeren Schnitten gebraten, wie ein Pizzaboden belegt und überbacken werden kann oder als Haube für Aufläufe dient. Polenta schmeckt sowohl herzhaft als auch süß.

TIPP

Nicht zu große Mengen kaufen und dunkel aufbewahren, sonst kann der Grieß ranzig werden.

KICHERERBSENMEHL – GESUNDER ALLESKÖNNER

Das Hülsenfruchtmehl ist reich an Nährstoffen und vielseitig einsetzbar. Man kann es für italienische Fladenbrote, die Socca genannt werden, verwenden, als Ausbackteig von knusprigen indischen Gemüsefritten namens Pakora oder auch für Süßspeisen und Kuchen. Es hat einen leicht nussigen Geschmack und ist glutenfrei.

PANKO – KNUSPERWUNDER

Ein absoluter Liebling für Panaden oder Toppings: japanische Weißbrotflocken. Sie sorgen nicht nur für viel mehr Knuspereffekt als Schnitzelhülle, geröstet und mit Kräutern oder Gewürzen verfeinert sind sie auch toll zum Toppen von Salaten oder Pastagerichten geeignet.

HÜLSENFRÜCHTE – KERNIGES SUPERFOOD

Klein, aber oho: Hülsenfrüchte machen fast alles mit in der Küche, sind dazu noch preiswert und nährstoffreich. Vorgegart sind sie perfekt für die schnelle Küche. Unsere Favoriten: Weiße Cannellini-Bohnen, Kichererbsen in der Dose und rote Linsen, die bereits geschält sind und schnell garen. Alle drei Sorten eignen sich für Suppen, Eintöpfe und Sattmacher-Salate, lassen sich zu Brotaufstrichen und Dips verarbeiten oder in Gemüsepfannen verwenden. Durch reichlich Pflanzeneiweiß sind sie besonders toll für vegetarische Gerichte geeignet.

FETA UND HALLOUMI - HAUPTSACHE KÄSE

Die beiden griechischen Käsesorten sind lange haltbar, haben einen salzigen Geschmack und eignen sich so prima zum Aufpeppen vieler Gerichte. Feta lässt sich sowohl kalt verwenden, z. B. für Salate oder als Topping für Gemüsegerichte, als auch im Ofen oder in der Pfanne backen. Halloumi, auch Grillkäse genannt, wird dagegen nur erhitzt verwendet. Dazu wird er in Scheiben geschnitten und von beiden Seiten in wenig Öl kurz angebraten oder gegrillt. Beide Käsesorten behalten beim Erhitzen ihre Form. Es lohnt sich auch, in türkischen oder mediterranen Geschäften nach den beiden Käsesorten Ausschau zu halten. Sie haben oft bessere Qualität und mehr Varianten im Angebot als der Supermarkt.

REZEPTE

Cremige KÜRBISSUPPE

FÜR 4 PORTIONEN

Für die Suppe

- 1 l Gemüsebrühe
- 600 g Hokkaido-Kürbis
- 2 Möhren
- 1 rote Paprika
- 1 Gemüsezwiebel
- 1 Knoblauchzehe
- 250 g rote Linsen
- 250 ml Kokosmilch
- 2 EL Butter
- Salz
- Pfeffer
- ½ TL gemahlener Ingwer
- Saft von 1 Zitrone

Zum Garnieren

- 4 Stängel Koriandergrün
- Kürbiskerne
- 4 EL Sahne

SO GEHT'S

1 Die Gemüsebrühe in einen Topf geben und erhitzen.

2 Kürbis und Möhren waschen, putzen, schälen und in Würfel schneiden. Paprika halbieren, putzen, waschen und ebenso in Würfel schneiden. Die Zwiebel und Knoblauchzehe schälen und klein schneiden.

3 Das klein geschnittene Gemüse und die Linsen vorsichtig zur Gemüsebrühe hinzugeben und für 30 Minuten weichkochen. Sobald das Gemüse gar ist, alles miteinander fein pürieren und nach Belieben durch ein Sieb passieren. Kokosmilch und Butter unterrühren, mit je ½ TL Salz, Pfeffer, Ingwer und Zitronensaft abschmecken und nochmal erwärmen.

4 Den Koriander waschen, trocken schütteln und die Blättchen abzupfen. Die Kürbissuppe in eine Schüssel geben, mit Kürbiskernen, Sahne und Koriander garnieren und genießen!

ROTE LINSENSUPPE

mit Chorizo

FÜR 2 PORTIONEN

- 100 g Chorizo (spanische Paprikawurst)
- 2 Frühlingszwiebeln
- 2 Stangen Staudensellerie
- 1 Möhre
- 1 Knoblauchzehe
- ½ TL gemahlener Kreuzkümmel
- ½ TL Pimentón de la Vera (geräuchertes Paprikapulver)
- ½ TL getrockneter Oregano
- 125 g Rote Linsen
- ½ Dose stückige Tomaten (200 g Füllgewicht)
- SalzPfeffer
- 1 TL Ahornsirup
- 2–3 TL Weißweinessig
- 2 EL saure Sahne

SO GEHT'S

1 Chorizo aus der Pelle lösen, längs halbieren und in schmale Scheiben schneiden. Frühlingszwiebeln putzen und waschen. Weißen Teil fein, grünen Teil in Ringe scheiden. Staudensellerie putzen, waschen und klein würfeln. Möhre schälen, putzen und klein würfeln. Knoblauch schälen und hacken.

2 Chorizo in einem Topf ohne Fett unter Wenden ca. 5 Minuten anbraten, herausnehmen. Weißen Frühlingszwiebelteil, Staudensellerie und Möhren ins Chorizofett geben und unter Wenden ca. 5 Minuten andünsten. Knoblauch, Kreuzkümmel, Pimentón de la Vera, Oregano und Linsen zugeben, kurz andünsten. 500 ml Wasser angießen, Tomaten zugeben, mit Salz und Pfeffer würzen und aufkochen. Suppe offen 12–15 Minuten köcheln lassen.

3 Suppe vom Herd nehmen, mit Ahornsirup, Essig, Salz und Pfeffer abschmecken und in Schalen anrichten. Je 1 EL saure Sahne daraufgeben, Chorizo darauf verteilen und mit grünen Frühlingszwiebeln bestreut servieren.

TIPP

Chorizo, geräuchertes Paprikapulver und Kreuzkümmel peppen diese Linsensuppe auf. Da kann Omas Linseneintopf einpacken.

BROTSUPPE

mit Fenchel und Tomaten

FÜR 2 PORTIONEN

- 1 große Fenchelknolle (ca. 400 g)
- 2 Knoblauchzehen
- Olivenöl zum Braten
- Salz
- Pfeffer
- 100 ml Anis-Aperitif (z. B. Pernod, Ouzo, Raki, alternativ 1 Anis-Stern)
- 1 Dose Kirschtomaten (400 g Füllgewicht)
- getrockneter Oregano
- Zucker
- 4 dicke Scheiben Weiß- oder Bauernbrot
- 2–3 Stängel Basilikum (nach Belieben)

SO GEHT'S

1 Fenchel waschen und putzen, dabei das Fenchelgrün beiseitelegen. Die Knolle erst längs in 2 cm breite Spalten schneiden, diese dann quer in knapp 1 cm breite Stücke schneiden, dabei den Strunk wegschneiden. 1 Knoblauchzehe schälen und fein hacken. In einem weiten Topf oder einer hohen Pfanne etwas Olivenöl erhitzen, Fenchel darin bei großer Hitze anbraten, bis er leicht zu bräunen beginnt, zwischendurch Knoblauch zugeben und mitbraten. Salzen, pfeffern und mit 50 ml Anisschnaps ablöschen.

2 Tomaten, 100 ml Wasser (damit die Dose erst noch innen restlos sauber spülen) und 1 Prise Oregano zugeben, dabei die Tomaten leicht mit einer Gabel anquetschen. Zugedeckt bei kleiner Hitze 15 Minuten, dann offen bei mittlerer Hitze ca. 10 Minuten garen. Gegen Garende übrigen Anisschnaps unterrühren und nochmals mit Salz, Pfeffer und 1–2 Prisen Zucker abschmecken.

3 Währenddessen übrige Knoblauchzehe schälen und längs halbieren. Brotscheiben im Toaster braun rösten, herausnehmen und noch heiß mit den Knoblauchzehenhälften abreiben, abkühlen lassen und in mundgerechte Stücke schneiden. Nach Belieben Basilikum waschen, trocken schütteln und grob zerzupfen, alternativ das Fenchelgrün fein hacken. Die dick eingekochte Suppe auf tiefe Teller verteilen, das Brot hineindrücken und kurz ziehen lassen. Mit Basilikum oder Fenchelgrün bestreuen und servieren.

CHILI

con Chocolate

FÜR 2 PORTIONEN

- 1 Zwiebel
- 2 Knoblauchzehen
- 1 große Süßkartoffel
- 1 rote Paprika
- 1 Zitrone
- 1 EL Olivenöl
- 1 EL Kreuzkümmelsamen
- 1 EL gemahlener Koriander
- ½ TL gemahlener Zimt
- 1 EL Ahornsirup
- 1 Dose stückige Tomaten (400 g Füllgewicht)
- 1 Dose Mais (300 g Abtropfgewicht)
- 1 Dose Kidneybohnen (250 g Abtropfgewicht)
- 40 g Zartbitterschokolade (alternativ 5 EL Kakaopulver)
- Salz
- Pfeffer

SO GEHT'S

1 Die Zwiebel und die Knoblauchzehen schälen und fein hacken. Die Süßkartoffel schälen. Die Paprika halbieren, putzen und waschen. Beides dann in kleine Würfel schneiden. Den Saft der Zitrone auspressen.

2 Das Olivenöl in einem Topf erhitzen. Die Gewürze hinzufügen und für etwa 2 Minuten rösten. Anschließend mit Zitronensaft und 50 ml Wasser ablöschen. Den Ahornsirup und die stückigen Tomaten aus der Dose einrühren und aufkochen. Anschließend die Süßkartoffel- und Paprikawürfel mit 350 ml Wasser hinzufügen. Die Hitze reduzieren und das Chili 15–20 Minuten köcheln lassen. Gelegentlich umrühren.

3 In der Zwischenzeit den Mais und die Kidneybohnen abgießen, unter Wasser abspülen, abtropfen lassen und dem Chili beimengen. Anschließend für weitere 10 Minuten köcheln lassen. Die Zartbitterschokolade klein hacken und kurz vor Ende der Kochzeit in das Chili einrühren. Alles mit Salz und Pfeffer abschmecken.

4 Das Chili con Chocolate in zwei Tassen oder Schüsseln verteilen und mit je einer Scheibe Knäckebrot servieren.

LAMMTOPF

mit Wirsing

FÜR 2 PORTIONEN

- 1 kleiner Wirsing (ca. 500 g)
- 1 große Möhre
- 1 kleine Stange Lauch
- 2 große festkochende Kartoffeln
- 400 g Lammkeule (ohne Knochen)
- 1 große Zwiebel
- 1 Knoblauchzehe
- Öl zum Braten
- Salz
- Pfeffer
- ¾ TL gemahlener Kreuzkümmel
- je ½ TL Pul Biber (alternativ Chiliflocken), getrockneter Oregano und Kümmelsamen
- 1 l Rinderbrühe

SO GEHT'S

1 Vom Wirsing äußere Blätter lösen, den inneren festen Kopf achteln, waschen und den Strunk keilförmig herausschneiden, sodass die Blätter noch aneinanderhaften..

2 Blätter längs halbieren und quer in 2 cm breite Streifen schneiden. Möhre schälen, waschen, putzen, längs halbieren und quer in 4 mm dicke Scheiben schneiden. Lauch putzen, längs halbieren, waschen und quer in ca. 2 mm breite Ringe schneiden. Kartoffeln schälen, waschen und 2 cm groß würfeln.

3 Lammfleisch von Fett und Sehnen befreien, dann 2 cm groß würfeln. Zwiebel und Knoblauch schälen und fein würfeln. In einem Bräter etwas Öl erhitzen. Fleisch darin rundum scharf anbraten, salzen, pfeffern und herausnehmen. Zwiebel und Knoblauch ins Bratöl geben – evtl. nochmals Öl zugeben – und andünsten. Kreuzkümmel, Pul Biber und Oregano unterrühren. Fleisch zugeben, gut durchrühren, Bräter vom Herd nehmen. Ofen auf 180 °C (Ober-/Unterhitze) vorheizen.

4 Hälfte vom Fleisch aus dem Bräter nehmen. Kartoffeln, Möhre, Lauch, Wirsingblätter und Kümmel mischen und die Hälfte davon auf das verbleibende Fleisch im Bräter verteilen. Leicht salzen und pfeffern. Übriges Fleisch und Wirsingachtel darauf verteilen. Brühe zugießen. Leicht salzen und pfeffern, dann zugedeckt im heißen Ofen (Unten) ca. 1 Stunde 30 Minuten garen, dabei zwischendurch die Wirsingschicht gut in die Brühe drücken. Herausnehmen, kurz abkühlen lassen und servieren.

TINTENFISCH

in Paprika-Oliven-Sauce

FÜR 4 PORTIONEN

- 400 g Tintenfischtuben (küchenfertig, frisch oder TK)
- je 1 rote und grüne Paprika
- 1 Zwiebel
- 1 Knoblauchzehe
- Olivenöl zum Braten
- Salz
- Pfeffer
- 125 ml Weißwein (alternativ Gemüsebrühe)
- 1 Dose stückige Tomaten (400 g Füllgewicht)
- ½ TL getrockneter Oregano
- 2–3 Msp. Chiliflocken
- 50 g grüne Oliven (ohne Stein)
- 2 EL Kapern (Glas)
- ½ Bund Petersilie
- Zucker

SO GEHT'S

1 Tintenfischtuben (evtl. vorher auftauen) mit kaltem Wasser gründlich waschen, trocken tupfen, in ca. 5 mm dicke Ringe schneiden und nochmals gründlich trocken tupfen. Paprika vierteln, putzen, waschen, dann die Viertel quer in ca. 5 mm dicke Streifen schneiden.

2 Zwiebel und Knoblauch schälen und getrennt fein würfeln. 3–4 EL Olivenöl in einem Topf oder einer hohen Pfanne erhitzen, Tintenfisch darin unter Rühren 3–4 Minuten anbraten, leicht salzen und pfeffern. Zwiebel zugeben und bei mittlerer Hitze goldgelb andünsten, dann Paprika und Knoblauch zugeben und weitere 3–4 Minuten braten. Salzen, pfeffern, dann Weißwein oder Brühe, Tomaten und Oregano unterrühren. Mit Salz, Pfeffer und Chiliflocken würzen und offen bei mittlerer Hitze 10–15 Minuten leicht köcheln lassen – die Flüssigkeit sollte bereits etwas einkochen. Dann zugedeckt weitere 30 Minuten bei geringer Hitze garen und nur, falls nötig, etwas Wasser zugeben.

3 Währenddessen die Oliven in dünne Ringe schneiden, Kapern nach Belieben mehr oder weniger hacken. Die Petersilie waschen, trocken schütteln, Stängel und Blättchen abzupfen und getrennt grob hacken.

4 Tomatensauce mit Zucker abschmecken, Petersilienstängel, Oliven und Kapern unterrühren. 15 Minuten garen, dann eventuell nochmals offen bei größerer Hitze leicht einkochen lassen. Mit Petersilie bestreuen. Einfach mit frischem Weißbrot (Baguette oder Ciabatta) genießen.

MAC & CHEESE

mit Crunch

FÜR 2 PORTIONEN

- 800 ml Milch
- 2 EL Butter
- Salz
- 250 g Hörnchennudeln
- 120 g geriebener Gouda
- 50 g geriebener Cheddar
- Pfeffer
- ½ TL Knoblauchpulver
- ½ Bund Schnittlauch
- 2 EL Röstzwiebeln

SO GEHT'S

1 Zuerst die Milch mit Butter und ½ TL Salz in einem großen Topf zum Kochen bringen. Nudeln hineingeben, abgedeckt für 7 Minuten köcheln lassen, ab und zu umrühren.

2 Wenn etwa die Hälfte der Milch aufgesogen ist, Käse unterrühren, mit ½ TL Pfeffer und Knoblauch würzen und weitere 3 Minuten köcheln lassen.

3 Währenddessen den Schnittlauch waschen, trocken schütteln und in feine Röllchen schneiden.

4 Die fertig gekochten Makkaroni abschmecken, nach Wunsch verfeinern und auf einem Teller anrichten. Röstzwiebeln und Schnittlauch auf die Mac & Cheese geben und genießen.

ONE-POT-PASTA

mit Hackbällchen

FÜR 2 PORTIONEN

Für die Hackbällchen

- 200 g Rinderhackfleisch
- 1 EL Semmelbrösel
- Salz
- Pfeffer
- ½ TL getrocknete Petersilie
- 2 EL Öl

Für die Pasta

- 1 Zwiebel
- 1 Knoblauchzehe
- 2 EL Olivenöl
- 1 EL Tomatenmark
- Salz
- 600 ml Brühe
- 200 g passierte Tomaten
- Pfeffer
- 1 TL edelsüßes Paprikapulver
- 250 g Penne
- 1 Handvoll frisches Basilikum
- 80 g Cheddar-Flakes

SO GEHT'S

1 Hackfleisch und Semmelbrösel in eine Schüssel geben, mit je ½ TL Salz, Pfeffer und Petersilie würzen und verkneten. Danach zu kleinen Bällchen formen (ca. die Größe einer 2-Euro-Münze). Öl in einem großen Topf erhitzen und die Hackbällchen darin rundherum anbraten.

2 Währenddessen Zwiebel und Knoblauch schälen, beides fein würfeln. Sobald die Bällchen schön braun gebraten sind, herausnehmen, Olivenöl in die Pfanne geben und Zwiebel und Knoblauch 2 Minuten darin andünsten.

3 Tomatenmark und 1 TL Salz in die Pfanne geben und kurz mitdünsten. Mit Brühe und passierten Tomaten ablöschen und mit ½ TL Pfeffer und Paprikapulver würzen.

4 Die Pasta und die Hackbällchen mit hineingeben, umrühren und 18–22 Minuten abgedeckt köcheln lassen. Zwischendurch immer wieder umrühren und, wenn nötig, etwas Wasser hinzufügen. Währenddessen den Basilikum waschen, trocken schütteln, Blättchen abzupfen und beiseitestellen.

5 Sobald die Pasta al dente ist, auf einen Teller geben, mit Cheddar-Flakes bestreuen, mit frischem Basilikum garnieren.

OFENPASTA

mit Feta und Tomaten

FÜR 2–3 PORTIONEN

- 250 g Kirschtomaten
- 200 g Feta
- 30 ml Olivenöl
- Salz
- Pfeffer
- Chilipulver
- 2 Knoblauchzehen
- 250 g Conchiglioni
- 1 Handvoll frisches Basilikum
- 75 g Sahne

SO GEHT'S

1 Den Backofen auf 200 °C (Ober-/Unterhitze) vorheizen.

2 Kirschtomaten gründlich waschen, abtrocknen und in eine Auflaufform geben. Den Feta in die Mitte geben, mit Olivenöl beträufeln und mit je ½ TL Salz, Pfeffer und 1 Prise Chili würzen. Knoblauch schälen, dazupressen und alles gut miteinander vermischen. Die Auflaufform in den heißen Backofen (Mitte) geben und für 30 Minuten backen.

3 Währenddessen die Nudeln nach Packungsanleitung in Salzwasser al dente kochen. Den Basilikum waschen, trocken schütteln und die Blättchen abzupfen.

4 Sobald der Feta fertig gebacken ist, das Ganze mit der Sahne und dem Basilikum in einen Mixer geben und gut pürieren. Die Sauce nochmals abschmecken und gegebenenfalls nachwürzen. Die Nudeln und die Sauce in dieselbe Auflaufform geben, vermengen und nochmal für 5 Minuten im Ofen backen.

5 Zuletzt auf einem Teller anrichten und genießen.

ONE-POT-LASAGNE

mit Hackfleisch

FÜR 2 PORTIONEN

- ½ rote Zwiebel
- 2 Knoblauchzehen
- 2 EL Olivenöl
- 2 EL Aceto balsamico
- 1 EL Ahornsirup
- 2 TL getrocknete Kräuter (z. B. Oregano, Basilikum)
- 2 Dosen stückige Tomaten (400 g Füllgewicht)
- 8 Lasagneblätter
- 200 g Rinderhackfleisch
- 1 Kugel Mozzarella (125 g)
- 50 g Parmesan
- Salz
- Pfeffer
- 1–2 Stängel Petersilie (nach Belieben)

SO GEHT'S

1 Die Zwiebel und die Knoblauchzehen schälen, fein hacken und mit dem Olivenöl in einem Topf erhitzen und glasig dünsten. Nach etwa 2 Minuten mit dem Aceto balsamico ablöschen und den Ahornsirup, die getrockneten Kräuter, die Tomaten aus der Dose und 500 ml Wasser einrühren und alles aufkochen. Sobald die Sauce kocht, die Hitze reduzieren.

2 Die Lasagneblätter in Stücke brechen und gemeinsam mit dem Rinderhackfleisch in die kochende Sauce geben. Bei niedriger Hitze 10–15 Minuten köcheln lassen.

3 In der Zwischenzeit den Mozzarella trocken tupfen und in feine Scheiben schneiden. Den Parmesan reiben.

4 Die Lasagne mit etwas Salz und Pfeffer abschmecken, auf zwei Schüsseln verteilen und mit Mozzarella belegen. Bei Bedarf die Petersilie waschen, trocken schütteln, die Blättchen abzupfen und die Lasagne damit garnieren. Abschließend noch etwas Parmesan darüberstreuen.

GNOCCHI

in Tomatensauce

FÜR 2 PORTIONEN

- 25 g Butter
- 400 g Gnocchi
- 2 EL Olivenöl
- 2 Knoblauchzehen
- 2 EL Tomatenmark
- 200 g Sahne
- ½ TL getrockneter Oregano
- 1 TL edelsüßes Paprikapulver
- Salz
- Pfeffer
- 1 Kugel Mozzarella (125 g)
- 1 Handvoll frisches Basilikum

SO GEHT'S

1 Butter in einer beschichteten Pfanne bei mittlerer Hitze zerlassen und Gnocchi goldbraun darin anbraten. Sobald die Gnocchi eine schöne Farbe angenommen haben, aus der Pfanne nehmen und beiseitestellen.

2 In derselben Pfanne Olivenöl erhitzen, Knoblauch hineinpressen und mit Tomatenmark kurz anrösten. Mit Sahne ablöschen und mit Oregano, Paprika, je ½ TL Salz und Pfeffer würzen und die Gnocchi vorsichtig in die Sauce geben.

3 Den Mozzarella in Würfel schneiden und in der Sauce schmelzen lassen. Das Basilikum waschen, trocken schütteln, hacken und kurz vorm Servieren dazugeben.

4 Zuletzt auf einem Teller anrichten und genießen.

ONE-POT-RISOTTO

mit Tomaten und Pilzen

FÜR 2 PORTIONEN

- 1 Zwiebel
- 200 g Risottoreis
- 2 EL Olivenöl
- 125 ml Weißwein
- 2 TL Gemüsebrühe (Pulver)
- 20 g getrocknete Steinpilze
- 10 getrocknete Tomaten (alternativ eingelegte Tomaten)
- 100 g Mozzarella
- 50 g Parmesan

SO GEHT'S

1 Die Zwiebel schälen und fein hacken. Den Reis in einem feinmaschigen Sieb so lange mit Wasser abspülen, bis es klar ist.

2 Das Olivenöl in einem Kochtopf erhitzen, die Zwiebelwürfel hinzufügen und andünsten. Den Risottoreis dazugeben und glasig anschwitzen. Anschließend mit Weißwein ablöschen und umrühren. Nach etwa 2 Minuten 100 ml Wasser und das Brühepulver hinzufügen. Nach und nach noch etwa 300 ml Flüssigkeit zugießen und bei niedriger Hitze köcheln lassen, bis das Risotto die gewünschte Konsistenz erreicht hat. Dabei nach etwa 10 Minuten die getrockneten Pilze und Tomaten einrühren.

3 In der Zwischenzeit den Mozzarella etwas abtupfen, in feine Scheiben schneiden und den Parmesan fein reiben. Kurz vor Ende der Kochzeit den Mozzarella und etwa drei Viertel des geriebenen Parmesans in das Risotto einrühren. Vor dem Servieren den restlichen Parmesan darüberstreuen.

TIPP

Für ein Instant-Risotto 3 EL getrocknete Zwiebeln, 200 g Risottoreis, 2 TL Gemüsebrühe (Pulver), 20 g getrocknete Steinpilze, 10 getrocknete Tomaten und 30 g Pinienkerne in einem verschließbaren Beutel vermischen. Alle Zutaten gemeinsam mit etwa 300 ml Wasser in einem Kochtopf zum Kochen bringen. Nach und nach noch etwa 100 ml Flüssigkeit hinzufügen.

SPARGEL-RISOTTO

mit Ziegenfrischkäse

FÜR 2 PORTIONEN

- 500 g weißer Spargel
- Salz
- 40 g Butter
- 25 g Kerbel
- 15 g Basilikum
- 2 Schalotten
- 200 g Risottoreis
- 100 ml trockener Weißwein (alternativ Brühe)
- Pfeffer
- 1–2 EL Zitronensaft
- 3 Stängel Estragon
- 100 g cremiger Ziegenfrischkäse

SO GEHT'S

1 Spargel waschen und schälen, holzige Enden abschneiden. 1,2 l Wasser aufkochen, salzen, 1 TL Butter, Spargelschalen und -enden zugeben. Alles bei mittlerer Hitze 5 Minuten kochen lassen, vom Herd nehmen und 15 Minuten ziehen lassen. Inzwischen Spargelstangen schräg in 2–3 cm breite Stücke schneiden. Die Kräuter waschen und putzen. Kerbel und Basilikum in der heißen Brühe zusammenfallen lassen. Herausnehmen und kalt abbrausen. Die Brühe durch ein Sieb abgießen und auffangen, Schalen wegwerfen.

2 Im selben Topf 1 EL Butter schmelzen. Die Schalotten schälen und fein würfeln, dann in der Butter andünsten. Reis zugeben, unter Rühren kurz mitdünsten. Mit Wein ablöschen, Wein fast vollständig verkochen lassen. So viel Brühe zugeben, dass der Reis gerade gut bedeckt ist, salzen. Offen bei mittlerer Hitze 18–20 Minuten garen, dabei nach und nach heiße Brühe zugießen. Nach Hälfte der Garzeit den Spargel unterheben und noch etwas Brühe zugießen. Kurz vor Garzeitende salzen und pfeffern.

3 Inzwischen gegarte Kräuter klein schneiden, mit Zitronensaft und wenig Brühe pürieren. Estragon waschen, trocken schütteln, Blätter abzupfen und fein hacken. Mit Kräuterpüree, Ziegenfrischkäse und übriger Butter unter das Risotto mischen, 2 Minuten ziehen lassen. Mit Zitronensaft, Salz und Pfeffer abschmecken.

CHANA MASALA

Kichererbsen-Curry

FÜR 2 PORTIONEN

- 1 Dose braune Kichererbsen (240 g Abtropfgewicht)
- 1 rote Zwiebel
- 2 Knoblauchzehen
- 10 g frischer Ingwer
- 1 grüne Chilischote
- 2 EL Ghee (geklärte Butter)
- 1 TL gemahlener Kreuzkümmel
- 1 TL Senfsamen
- 2 TL Garam Masala
- 1 TL gemahlene Kurkuma
- 1 EL Tomatenmark
- 400 g gehackte Tomaten (Dose)
- ¼ Bund Koriandergrün
- 1 Limette
- 1 TL Rohrzucker
- Salz

SO GEHT'S

1 Kichererbsen abtropfen lassen und beiseitestellen. Zwiebel und Knoblauch schälen und fein würfeln. Ingwer schälen und fein hacken. Chili waschen, halbieren, entkernen und klein schneiden.

2 Ghee in einem Topf erhitzen. Zwiebeln hinzugeben und 5 Minuten bei mittlerer Hitze anschwitzen. Knoblauch, Ingwer und Chilischote hinzugeben und weitere 3 Minuten anbraten. Anschließend die Gewürze und Tomatenmark unterrühren und weitere 2 Minuten anschwitzen.

3 Gehackte Tomaten hinzugeben und alles mit einem Stabmixer grob pürieren. Dann die Kichererbsen zufügen und mit 125 ml Wasser aufgießen. Einmal aufkochen und zugedeckt 20–25 Minuten bei niedriger Hitze köcheln lassen.

4 Koriander waschen, trocken schütteln und die Blättchen grob abzupfen. Limette auspressen. Das Curry mit Zucker, Salz und Limettensaft abschmecken. Mit Koriander bestreuen und servieren.

KARTOFFEL-CURRY

mit Ei

FÜR 2 PORTIONEN

- 400 g Kartoffeln
- 1 rote Zwiebel
- 1 Knoblauchzehe
- 1 EL Rapsöl
- 125 g TK-Erbsen (alternativ Edamame)
- 1 TL braune Senfsamen
- ½ TL gemahlene Kurkuma
- 1 TL Currypulver
- 150 ml Kokosmilch (Dose)
- 200 ml Gemüsebrühe
- 2 Eier (Größe M)
- 2 Stängel Koriandergrün (alternativ Dill)
- 1 EL griechischer Joghurt
- Salz
- Pfeffer

SO GEHT'S

1 Kartoffeln schälen, waschen und in mundgerechte Stücke schneiden. Zwiebel und Knoblauch schälen und fein würfeln. Rapsöl in einem Topf erhitzen. Zwiebel, Knoblauch, Erbsen und Senfsamen hinzugeben und bei mittlerer Hitze 2 Minuten andünsten. Mit Kurkuma und Currypulver bestäuben. Kartoffeln hinzugeben und mit Kokosmilch und Gemüsebrühe aufgießen.

2 Einmal aufkochen lassen, anschließend zugedeckt bei mittlerer Hitze 12–15 Minuten gar köcheln lassen. Eier, je nach Geschmack, wachsweich oder hart kochen, abschrecken, schälen und vierteln.

3 Koriandergrün waschen, trocken schütteln und fein hacken. Joghurt unter das Curry rühren. Mit Salz, Pfeffer und gehacktem Koriander bestreut servieren.

TIPP

Für den Extra-Crunch 2 EL geröstete Zwiebeln über das Curry streuen.

EDAMAME-CURRY

mit Pak Choi

FÜR 2 PORTIONEN

- 1 rote Zwiebel
- 1 Knoblauchzehe
- ½–1 rote Chilischote
- 20 g frischer Ingwer
- 150 g Pak Choi
- 100 g Champignons
- 150 g grüner Spargel
- 1 EL Kokosöl
- 100 g TK-Edamame
- 200 ml Kokosmilch (Dose)
- 1 EL Vegetarian Mushroom Sauce (Asienladen)
- 1 EL Limettensaft
- 1–2 EL Sojasauce

SO GEHT'S

1 Zwiebel und Knoblauch schälen und fein würfeln. Chilischote waschen, halbieren, entkernen und fein hacken. Ingwer schälen und fein reiben. Pak Choi putzen, waschen und in Streifen schneiden. Pilze putzen und achteln. Spargel waschen, die holzigen Enden entfernen und die Stangen in Stücke schneiden.

2 Kokosöl in einem Topf erhitzen. Zwiebel, Knoblauch, Chili und Ingwer darin bei mittlerer Hitze 1 Minute anbraten. Pak Choi, Pilze, Spargel und Edamame hinzugeben und 2 weitere Minuten andünsten. Mit Kokosmilch und 100 ml Wasser aufgießen, einmal aufkochen, anschließend 5 Minuten köcheln lassen. Mit Vegetarian Mushroom Sauce, Limettensaft und Sojasauce abschmecken.

TIPP

Wer gerne Fisch isst, kann zum Curry auch Garnelen reichen und statt der Vegetarian Mushroom Sauce Fischsauce unterühren. Dazu passen Reis und ein paar Reiscracker (aus dem Asienladen) als Topping.

GURKEN-CURRY

mit Linsen

FÜR 4 PORTIONEN

- 1 mittelgroße Salatgurke
- 1 EL Ghee (geklärte Butter)
- 50 g rote Linsen
- 1 EL Ingwer-Knob-lauch-Paste (Glas)
- 1 TL Senfsamen
- 1 TL gemahlene Kurkuma
- 1 TL edelsüßes Paprikapulver
- 150 ml Kokosmilch (Dose)
- 1 EL Mandeln
- Salz
- Pfeffer
- 2 EL Sprossen

SO GEHT'S

1 Gurke waschen, halbieren, entkernen und in Scheiben schneiden. Ghee in einem Topf erhitzen und die Gurkenscheiben darin 2 Minuten bei mittlerer Hitze anbraten. Aus dem Topf nehmen und zur Seite stellen.

2 Linsen, Ingwer-Knoblauch-Paste, Senfsamen, Kurkuma und Paprikapulver hinzugeben und bei mittlerer Hitze 1 Minute anbraten. Mit Kokosmilch und 100 ml Wasser aufgießen, einmal aufkochen und anschließend zugedeckt bei niedriger Hitze 10–12 Minuten gar köcheln lassen.

3 Mandeln grob hacken. Kurz vor Garzeitende die Gurkenscheiben unter das Curry rühren. Mit Salz und Pfeffer abschmecken. Sprossen waschen und abtropfen. Curry mit gehackten Mandeln und Sprossen bestreuen und genießen.

TIPP

Wer es gerne scharf mag, kann ½–1 TL Cayennepfeffer unter das Curry rühren. Dazu schmeckt auch frittierter Tofu (Asienladen), kurz angebraten, ganz hervorragend.

ERBSEN-CURRY

mit Tofu

FÜR 2 PORTIONEN

- 150 g Räuchertofu
- 1 rote Zwiebel
- 2 EL Ghee (geklärte Butter)
- 1 EL Ingwer-Knoblauch-Paste (Glas)
- 1 EL Tomatenmark
- ½ TL gemahlene Kurkuma
- 1 TL gemahlener Kreuzkümmel
- 2 TL Currypulver
- 100 ml Kokosmilch (Dose)
- 2 Curryblätter
- 300 g TK-Erbsen
- 2 EL Cashewkerne
- 2 Stängel Petersilie
- 1 TL Rohrzucker
- Salz
- Pfeffer

SO GEHT'S

1 Tofu würfeln. Zwiebel schälen und fein hacken. Ghee in einem Topf erhitzen. Tofu, Zwiebel und Ingwer-Knoblauch-Paste darin 2–3 Minuten bei mittlerer Hitze anbraten. Dann Tomatenmark zugeben und mit Kurkuma, Kreuzkümmel und Currypulver bestäuben. Kurz braten, anschließend mit 300 ml Wasser und Kokosmilch aufgießen.

2 Curryblätter und TK-Erbsen hinzugeben und zugedeckt bei niedriger Hitze 10 Minuten köcheln lassen.

3 Cashewkerne grob hacken. Petersilie waschen, trocken schütteln und die Blättchen abzupfen. Curry mit Zucker, Salz und Pfeffer abschmecken. Mit gehackten Cashewkernen und Petersilie bestreuen und genießen.

TIPP

Der Räuchertofu kann auch ganz leicht gegen die gleiche Menge Garnelen oder Putenbrust ausgetauscht werden.

LINSEN-CURRY

mit Lachs

FÜR 2 PORTIONEN

- 1 rote Zwiebel
- 1 Knoblauchzehe
- 250 g Zucchini
- 1 rote Spitzpaprika
- 2 EL Rapsöl
- 1 TL gemahlener Kreuzkümmel
- 1 TL Senfsamen
- 1 TL Garam Masala
- 80 g Belugalinsen
- 2–3 TL Sambal Oelek
- 2 Curryblätter
- 2 EL Kokosraspel
- 400 ml Fischfond (Glas)
- 100 ml Kokosmilch (Dose)
- 250 g Lachsfilet
- Salz
- Pfeffer

SO GEHT'S

1 Zwiebel und Knoblauch schälen und fein würfeln. Zucchini putzen, waschen und grob würfeln. Paprika halbieren, putzen, waschen und in Halbringe schneiden.

2 Das Öl in einem Topf erhitzen. Kreuzkümmel, Senfsamen und Garam Masala darin anrösten, bis es duftet. Zwiebeln, Knoblauch, Zucchini und Paprika hinzugeben und bei mittlerer Hitze 2–3 Minuten anbraten. Dann Linsen, Sambal, Curryblätter und Kokosraspel hinzugeben. Mit Fischfond und Kokosmilch aufgießen und zugedeckt bei mittlerer Hitze 30–35 Minuten gar köcheln lassen.

3 Das Lachsfilet kalt abspülen und trocken tupfen. 10 Minuten vor Garzeitende den Fisch auf das Curry legen und mitgaren. Anschließend in kleinere Stücke zupfen. Mit Salz und Pfeffer abschmecken und servieren.

TIKKA MASALA

mit Putenbrust

FÜR 2 PORTIONEN

- 250 g Putenbrust
- 1 rote Chilischote
- 1 große Zwiebel
- 50 g Cashewkerne
- 100 g Garnelen (küchenfertig)
- ½ Limette
- 2 Stängel Koriandergrün
- 1 TL edelsüßes Paprikapulver
- 1 TL gemahlener Kreuzkümmel
- 1 TL gemahlener Koriander
- 2 TL Garam Masala
- 1 EL Ingwer-Knoblauch-Paste (Glas)
- 150 g griechischer Joghurt
- 2 EL Ghee (geklärte Butter)
- 2 TL Senfsamen
- 1 EL Tomatenmark
- 2 EL Crème fraîche
- Salz
- Pfeffer

SO GEHT'S

1 Putenbrust in Streifen schneiden. Chilischote waschen, halbieren, entkernen und fein hacken. Zwiebel schälen und fein hacken. Cashewkerne in einem Blitzhacker fein mahlen. Garnelen kalt abspülen und trocken tupfen. Saft der Limette auspressen. Koriandergrün waschen, trocken schütteln und die Blättchen fein hacken.

2 Die gehackte Chili mit den Gewürzen, Ingwer-Knoblauch-Paste, Joghurt, Putenbrust und Garnelen in eine Schüssel geben und gut vermengen. Ghee in einem Topf erhitzen. Zwiebeln hinzugeben und 5 Minuten bei mittlerer Hitze goldbraun anbraten. Senfsamen und Tomatenmark hinzugeben und 1 weitere Minute mitbraten. Marinierte Putenfleisch und Garnelen mit 250 ml Wasser und gemahlenen Cashewkernen hinzugeben, einmal aufkochen und zugedeckt bei niedriger Hitze 12–15 Minuten sämig einkochen lassen.

3 Tikka Masala mit Crème fraîche, Limettensaft, Salz und Pfeffer abschmecken. Mit Koriander bestreuen und servieren.

Fluffiges
FLADENBROT

FÜR 1 BROT

- ½ Würfel frische Hefe (ca. 21 g)
- 1 TL Zucker
- 500 g Mehl
- 1 TL Salz
- 1 Ei (Größe M)
- 3 EL Joghurt
- 3 EL Öl

SO GEHT'S

1 Die Hefe in 250 ml lauwarmem Wasser mit dem Zucker auflösen. Mit den restlichen Zutaten zu einem geschmeidigen Teig verarbeiten (das geht am besten mit einer Küchenmaschine) und 5–6 Minuten kneten. Den Teig anschließend abgedeckt an einem warmen Ort ca. 45 Minuten gehen lassen.

2 Wenn der Teig schön aufgegangen ist, in kleine Teiglinge mit jeweils 100–120 g zerteilen und dann in kleine Bälle formen. Diese erneut ca. 15 Minuten gehen lassen.

3 Anschließend die Teigbälle mit einem Nudelholz 4–5 mm dick ausrollen und in einer heißen Pfanne ohne Öl ca. 3 Minuten pro Seite ausbacken. Herausnehmen und servieren.

TIPP

Du kannst die Pfannenbrote auch super einfrieren und einfach jederzeit wieder kurz im Ofen aufbacken.

RATATOUILLE

aus der Pfanne

FÜR 2 PORTIONEN

- 1 große Zucchini
- 1 große Aubergine
- 1 große rote Paprika
- 1 Zwiebel
- 1 Knoblauchzehe
- 3 Stängel Estragon
- Olivenöl zum Braten
- Salz
- Pfeffer
- 1 Dose stückige Tomaten (400 g Füllgewicht)
- 1 TL körniger Senf
- ½ TL Gemüsebrühe (Pulver)
- 4 Eier (Größe M)
- ½ Bund Petersilie
- 3 EL geriebener Parmesan

SO GEHT'S

1 Gemüse waschen und putzen. Zucchini längs vierteln und in ca. 4 mm dicke Stücke schneiden. Aubergine und Paprika ca. 1 cm groß würfeln. Zwiebel schälen, längs halbieren und in schmale Spalten schneiden. Knoblauch schälen und hacken. Estragon waschen, trocken schütteln, Blättchen abzupfen und grob hacken.

2 In einer beschichteten, hohen Pfanne das Öl stark erhitzen. Gemüse samt Zwiebel zugeben und darin 4–5 Minuten kräftig anbraten, dabei gegen Ende Knoblauch zugeben, salzen und pfeffern. Tomaten, Senf, Brühepulver und die Hälfte des Estragons unterrühren. Alles zugedeckt 15–20 Minuten bei mittlerer Hitze garen.

3 Deckel abnehmen, übrigen Estragon unterrühren und mit der runden Seite eines Esslöffels gleichmäßig versetzt 4 Mulden in das Ratatouille drücken. Eier aufschlagen und einzeln jeweils vorsichtig in je eine Mulde gleiten lassen. Die Eier leicht salzen und pfeffern. Am besten mit einem Deckel (oder Alufolie) zugedeckt nochmals 10–12 Minuten bei niedriger bis mittlerer Hitze garen, bis die Eier gestockt sind – dabei sollte allerdings das Eigelb flüssig bleiben.

4 Währenddessen Petersilie waschen, trocken schütteln, Blättchen abzupfen und grob hacken. Pfanne vom Herd nehmen, alles mit Parmesan und Petersilie bestreuen und heiß mit Baguette oder zu Reis oder Couscous servieren.

Klassische SHAKSHUKA

FÜR 2 PORTIONEN

- 1 rote Zwiebel
- 1 Paprika
- 1 kleine Zucchini
- 1 Bund Petersilie
- Olivenöl
- 1 Knoblauchzehe
- 500 g stückige Tomaten (Dose)
- 1 TL rosenscharfes Paprikapulver
- ½ TL gemahlener Kreuzkümmel
- etwas Chilipulver
- Salz
- Pfeffer
- 1 Dose Kichererbsen (400 g Füllgewicht)
- 200 g TK-Blattspinat
- 4 Eier (Größe M)
- etwas Petersilie zum Garnieren

SO GEHT'S

1 Zwiebel schälen und fein würfeln. Gemüse waschen, putzen und klein würfeln. Petersilie waschen, trocken schütteln und die Blätter fein hacken.

2 Olivenöl in einem Topf erhitzen und die Zwiebeln darin andünsten. Den Knoblauch schälen, hineinpressen und kurz mit anschwitzen. Paprika und Zucchini zugeben und einige Minuten mit anbraten. Stückige Tomaten zugeben und mit den Gewürzen abschmecken. Die Kichererbsen abtropfen lassen und mit Blattspinat ebenfalls in die Pfanne geben und vermengen.

3 Mit einem Kochlöffel 4 kleine Mulden für die Eier in die Sauce formen. Die Eier vorsichtig aufschlagen und jeweils in eine Mulde geben. Bei mittlerer Hitze mit geschlossenem Deckel ein paar Minuten garen, bis die Eier die gewünschte Konsistenz haben. Mit Salz und Pfeffer nochmal abschmecken und mit Petersilie bestreuen.

TIPP

Shakshuka ist das israelische Nationalgericht und super einfach mit jeder Gemüsesorte zu kombinieren. Also gerne auch mit Aubergine oder Kartoffeln ausprobieren.

KICHERERBSEN

in Spinat-Tomaten-Sauce

FÜR 4 PORTIONEN

- 2 Dosen Kichererbsen (ca. 400 g Füllmenge)
- 2 Zwiebeln
- 2 Knoblauchzehen
- 3 EL Olivenöl
- ½ TL gemahlener Kreuzkümmel
- gemahlener Zimt
- 1 TL edelsüßes Paprikapulver
- Salz
- Pfeffer
- 2 EL Tomatenmark
- 1 Dose ganze geschälte Tomaten (400 g)
- 400 g Spinat
- 200 g Joghurt (oder eine pflanzliche Joghurt-Alternative)

SO GEHT'S

1 Die Kichererbsen in ein Sieb geben und mit kaltem Wasser gründlich abbrausen, bis das Wasser klar ist. Die Zwiebeln und den Knoblauch schälen und in feine Würfel schneiden.

2 Das Olivenöl in einer großen Pfanne auf mittlerer Stufe erhitzen. Die Zwiebel- und Knoblauchwürfel sowie die Kichererbsen hineingeben und darin andünsten. Kreuzkümmel, 1 Prise Zimt, Paprika sowie Salz und Pfeffer hinzufügen und kurz mitrösten lassen. Dann das Tomatenmark unterrühren, die Tomaten hinzufügen und alles ca. 5 Minuten auf mittlerer Hitze leicht köcheln lassen.

3 In der Zwischenzeit den Spinat verlesen, waschen, ggf. dickere Stiele entfernen und die Blätter trocken schütteln. Anschließend wandert der Spinat nach und nach zu den Kichererbsen in die Pfanne, bis er vollständig zusammengefallen ist. Auf Teller verteilen und mit 1 Klecks Joghurt servieren.

TIPP

Zu diesem Gericht passt am besten ein schöner Duftreis, wie z. B. Jasminreis. Nach Belieben kann man den Reis auch noch mit 1 Handvoll Rosinen verfeinern.

WEISSWURST
Brezel-Pfanne

FÜR 2 PORTIONEN

Für das Dressing
- 2 EL Weißweinessig
- 4 EL süßer Senf
- 4 EL Sonnenblumenöl
- Salz
- Pfeffer

Für die Wurstpfanne
- 8 Radieschen
- ½ Bund Schnittlauch
- 2 Brezeln
- 4 Weißwürste
- 2 EL Butter (alternativ Sonnenblumenöl)

SO GEHT'S

1 Für das Dressing alle Zutaten in einer kleinen Schüssel verrühren und beiseitestellen.

2 Für die Wurstpfanne Radieschen waschen, putzen und in feine Scheiben schneiden oder hobeln. Schnittlauch waschen, trocken schütteln, klein hacken und mit den Radieschen in eine große Schüssel geben. Weißwürste pellen und in feine Scheiben schneiden. Brezeln in Scheiben schneiden.

3 In einer großen Pfanne die Butter erhitzen und Weißwurst- und Brezelstücke darin anbraten, bis sie goldbraun sind. Beides mit in die große Schüssel geben und abschließend alles gut mit dem Dressing vermengen.

IMPRESSUM

Bibliografische Information der Deutschen Bibliothek.

Die Deutsche Bibliothek verzeichnet diese Publikation in der Deutschen Nationalbibliografie.
Detaillierte bibliografische Daten sind im Internet über http://www.dnb.de/ abrufbar.

EIN BUCH DER EDITION MICHAEL FISCHER

1. Auflage 2023

Reihengestaltung: Yvonne Witzan
Cover: Sabine Mayr
Satz: Sabine Mayr
Redaktion und Lektorat: Celine del Rosario

Rezepte und Texte: S. 6, 7, 10, 11, 16, 18, 22, 24, 38, 56: Tanja Dusy, Inga Pfannebecker; S. 8, 9, 58, 62: Barbara Dahl; S. 14, 26, 28, 30, 34: Sherin Alrasho; S. 20, 32, 36: Jessica Lerchenmüller; S. 40–52: Sabrina Sue Daniels; S. 54, 60: Zora Klipp

Bilder: S. 5, 13: ©LUMIK555/Shutterstock; S. 9: ©Pinkyone; S. 11: ©5PH; S. 15, 27, 29, 35, 41–53: ©Sabrina Sue Daniels; S. 17, 19, 23, 25, 39, 57: ©Annamaria Zinnau; S. 21, 33, 37: ©Jessica Lerchenmüller; S. 31: ©sweet marshmallow; S. 55, 61: ©Lena Pfetzer; S. 59, 63: ©Barbara Dahl

ISBN 978-3-7459-1876-2

Gedruckt bei PNB Print SIA „Jansili“, Silakrogs, Ropazu novads, LV-2133, Lettland

www.emf-verlag.de